T0083161

R. VAUGHAN WILLIAMS

FANTASIA ON SUSSEX FOLK TUNES

for Violoncello Solo and Orchestra

STUDY SCORE

MUSIC DEPARTMENT

OXFORD
UNIVERSITY PRESS

OXFORD
UNIVERSITY PRESS

Great Clarendon Street, Oxford OX2 6DP,
United Kingdom

Oxford University Press is a department of the University of Oxford.
It furthers the University's objective of excellence in research, scholarship,
and education by publishing worldwide. Oxford is a registered trade mark of
Oxford University Press in the UK and in certain other countries

© Oxford University Press 1982 and 1985. This edition © 2015.

This new edition is published with the kind support of the Vaughan Williams Charitable Trust.

The right of Ralph Vaughan Williams to be named as the Composer of this Work has been asserted in
accordance with the Copyright, Designs and Patents Act, 1988.

This edition first published 2015

Impression: 1

All rights reserved. No part of this publication may be reproduced,
stored in a retrieval system, or transmitted, in any form or by any means,
without the prior permission in writing of Oxford University Press

Permission to perform this work in public
(except in the course of divine worship) should normally be obtained from
a local performing right licensing organization, unless the owner or the occupier
of the premises being used already holds a licence from such an organization.
Likewise, permission to make and exploit a recording of this work
should be obtained from a local mechanical copyright licensing organization

Enquiries concerning reproduction outside the scope of the above
should be directed to the Music Rights Department, Oxford University Press,
at music.permissions.uk@oup.com or at the address above

ISBN 978-0-19-340773-2 (study score)
ISBN 978-0-19-369050-9 (on hire)

Music origination by Michael Durnin

Printed in Great Britain on acid-free paper by
Caligraving Ltd, Thetford, Norfolk

PREFACE

Fantasia on Sussex Folk Tunes was given its first performance by Pablo Casals, to whom it is dedicated, on 13 March 1930, at a Royal Philharmonic Society Concert conducted by John Barbirolli. The work, completed in 1929, was based on the following five folk songs: 'Salisbury Plain', 'The Long Whip', 'Low down in the broom', 'Bristol Town', and 'I've been to France'.

Although the work was on hire for a time, eventually Vaughan Williams withdrew it, having never been satisfied with it. It is not a major work, but one regrets the ban he placed on its performance. It goes some way towards disproving Lambert's oft-quoted remark that there is nothing to be done with a folk song once it has been played except to 'play it over again and play it rather louder'. Despite Lambert's *mot*, Delius in *Brigg Fair*, Vaughan Williams in several works, not to mention Dvořák, Haydn, and Beethoven, have done a great deal with variants of folk song. Vaughan Williams's rhapsodic treatment of tunes which, by their strophic nature, do not lend themselves to symphonic development, has not received its proper due in appreciation. In the *Sussex Fantasia* the tunes are extended by the composer's skill into new tunes, with an amusing commentary on the quicker tunes from the woodwind section.

Based on a note by MICHAEL KENNEDY

ORCHESTRATION

Solo Violoncello

2 Flutes (second doubling Piccolo)

Oboe

2 Clarinets in B♭

2 Bassoons

2 Horns in F

Trumpet in B♭

Timpani

Strings

Duration: *c.*15 minutes

Full score and orchestral parts are available on hire.

to Pablo Casals

Fantasia on Sussex Folk Tunes

for

Violoncello Solo and Orchestra

R. VAUGHAN WILLIAMS

© 1982 and 1985 by Oxford University Press. New edition © 2015.

Printed in Great Britain

OXFORD UNIVERSITY PRESS, MUSIC DEPARTMENT, GREAT CLARENDON STREET, OXFORD OX2 6DP

Photocopying this copyright material is ILLEGAL.

A
Cadenza
Fl. 1 2
Ob.
Cl. (B♭) 1 2
Bn. 1 2
Hn. (F) 1 2
Tpt. (B♭)
Timp.
Vcl. Solo
Vln. I
Vln. II
Vla.
Vcl.
Cb.
(a 2)
a 2
ff marc.
p
f
poco accel.

8
Largamente a tempo
Vcl. Solo
Largamente a tempo
Vln. I
Vln. II
3 desks (non div.)
Vla.
fp
3 desks, div.
pizz., unis.
arco
pizz.
Vcl.
fp
pizz., 2 desks
Cb.
p
B Poco animato
13
1 Solo
Fl. 1 2
p agitato
p
3
1 Solo
Cl. (B♭) 1 2
p agitato
p
3
1
Bn. 1 2
pp
Vcl. Solo
fpp
3
p agitato
B Poco animato
Vln. I
4 desks
Vln. II
pp
Vla.
pp
Vcl.
Cb.

17
C
a 2
Fl. 1 2
Ob.
Cl. (B♭) 1 2
Bn. 1 2
Hn. (F) 1 2
Tpt. (B♭)
Timp.
Vcl. Solo
C
4 desks
Vln. I
Vln. II
Vla.
arco
Vcl.
(pizz.)
Cb.

22
Fl. 1 2
Ob.
Solo
p agitato
Cl. (B♭) 1 2
1
p
Bn. 1 2
1
pp
1 Solo
p agitato
Hn. (F) 1 2
Tpt. (B♭)
Timp.
Vcl. Solo
Vln. I
Vln. II
Vla.
Vcl.
(pizz.)
Cb.
pp

27
Fl. 1 2
p agitato
Ob.
Cl. 1 2
(B♭)
Bn. 1 2
(1)
pp
p
Hn. 1 2
(F)
Tpt.
(B♭)
Timp.
Vcl.
Solo
Vln. I
Vln. II
Vla.
Vcl.
Cb.

D
32
a 2
Fl. 1 2
Ob.
Cl. (B♭) 1 2
Bn. 1 2
Hn. (F) 1 2
Tpt. (B♭)
Timp.
Vcl. Solo
D
Vln. I
Vln. II
Vla.
Vcl.
Cb.
Tutti
Tutti
Tutti
div.
Tutti, unis.
arco
Tutti

36
(a 2)
Fl. 1 2
Ob.
Cl. (B♭) 1 2
Bn. 1 2
Hn. (F) 1 2
Tpt. (B♭)
Timp.
Vcl. Solo
Vln. I
Vln. II
Vla.
Vcl.
Cb.
f
div.
fpp
unis.

E
40
Fl.
Ob.
Solo
Cl. (B♭)
Bn.
Hn. (F)
Tpt. (B♭)
Timp.
tr
Vcl. Solo
E
Vln. I
Vln. II
Vla.
unis.
Vcl.
Cb.

Largamente
45
a 2
Fl. 2 take Picc.
Fl. 1 2
Ob.
Cl. (B♭) 1 2
a 2
Bn. 1 2
a 2
Hn. (F) 1 2
Tpt. (B♭)
Timp.
Vcl. Solo
Largamente
Vln. I
Vln. II
Vla.
div.
Vcl.
Cb.

50
F
Picc.
Fl. 1
Ob.
Cl. 1 (B♭) 2
dim.
p
Bn. 1 2
pp
Hn. 1 (F) 2
Tpt. (B♭)
Timp.
tr
ppp
Vcl. Solo
F
Vln. I
Vln. II
Vla.
div.
unis.
Vcl.
Cb.

56
Allegro scherzando ma non troppo
Bn.
Hn. (F)
Timp.
Vcl. Solo
Allegro scherzando ma non troppo
Vln. I
Vln. II
Vla.
unis.
3 desks, pizz.
Vcl.
2 desks, pizz.
Cb.
G
60
Bn.
Hn. (F)
Vcl. Solo
scherzando
G
Vln. I
Vln. II
Vla.
Vcl.
Cb.

65
Picc.
Fl. 1
Ob.
Cl. 1
(B♭) 2
Bn. 1
2
Hn. 1
(F) 2
Tpt.
(B♭)
Timp.
Vcl.
Solo
Vln. I
Vln. II
Vla.
pizz.
Vcl.
Cb.

70
H
Picc.
Fl. 1
Ob.
Cl. 1
(B♭) 2
Bn. 1
2
(2)
Hn. 1
(F) 2
Tpt.
(B♭)
Timp.
Vcl.
Solo
H
4 desks
Vln. I
4 desks
Vln. II
arco
Vla.
arco
Vcl.
arco
Cb.

74
Picc.
f
pp
Fl. 1
pp
Ob.
pp
Cl. 1
(B♭) 2
pp
Bn. 1
2
Hn. 1
(F) 2
fp
Tpt.
(B♭)
f
Timp.
Vcl.
Solo
p
f
Vln. I
pizz.
p
Vln. II
pizz.
p
Vla.
pizz.
p
Vcl.
pizz.
p
Cb.
pizz.
p

I
78
Picc.
mf
pp
Fl. 1
f
p
Ob.
f
p
Cl. 1
(B♭) 2
a 2
f
p
1 Solo
p
Bn. 1
2
a 2
f
p
1 Solo
p
Hn. 1
(F) 2
2
pp
pp
Tpt.
(B♭)
pp
Timp.
Vcl.
Solo
f
I
Vln. I
arco
f
p
Vln. II
arco
f
p
Vla.
arco
f
p
Vcl.
arco
f
p
pizz.
p
Cb.
arco
f
p

83
J
Picc.
Fl. 1
Ob.
Cl. (B♭) 1 2
Bn. 1 2
a 2
Hn. (F) 1 2
1
2
Tpt. (B♭)
Timp.
Vcl. Solo
Vln. I
Vln. II
Vla.
Vcl.
arco
pizz.
Cb.
pizz.

88
Picc.
Fl. 1
Ob.
Cl. 1
(B♭) 2
Bn. 1
2
(2)
Hn. 1
(F) 2
Tpt.
(B♭)
Timp.
Vcl.
Solo
Vln. I
Vln. II
Vla.
Vcl.
Cb.

94
K
Picc.
Fl. 1
Solo
poco f
Ob.
Cl. 1
(B♭) 2
1 Solo
p
Bn. 1
2
1 Solo
p
Hn. 1
(F) 2
(2)
Tpt.
(B♭)
Timp.
Vcl.
Solo
p scherzando
K
Vln. I
pizz.
p
Vln. II
pizz.
p
Vla.
pizz.
p
Vcl.
Cb.

99
Picc.
Fl. 1
Ob.
Cl. 1
(B♭) 2
Bn. 1
2
Hn. 1
(F) 2
Tpt.
(B♭)
Timp.
Vcl.
Solo
Vln. I
Vln. II
Vla.
Vcl.
Cb.
Tutti
arco
Tutti
arco
arco

L
104
Picc.
Fl. 1
Ob.
Cl. 1
(B♭) 2
Bn.
1
2
Hn. 1
(F) 2
Tpt.
(B♭)
Timp.
Vcl.
Solo
L
Vln. I
Vln. II
Vla.
arco Tutti
Vcl.
arco Tutti
Cb.

108
Picc.
Fl. 1
Ob.
Cl. 1
(B♭) 2
a 2
f
ff
1
Bn.
2
Hn. 1
(F) 2
f
Tpt.
(B♭)
Timp.
Vcl.
Solo
Vln. I
Vln. II
Vla.
Vcl.
Cb.

113
M
Picc.
take Fl. 2
p
Fl. 1
p
Ob.
p
Cl. 1
(B♭) 2
1
p
p
Bn. 1
2
1
p
p
Hn. 1
(F) 2
Tpt.
(B♭)
Timp.
Vcl.
Solo
p
p
M
Vln. I
mutes on
Vln. II
mutes on
Vla.
Vcl.
fpp
Cb.
fpp

118
O
Poco meno mosso
Fl. 1 2
Ob.
p
Cl. (B♭) 1 2
(1)
Bn. 1 2
(1)
p
Hn. (F) 1 2
Tpt. (B♭)
Timp.
Vcl. Solo
p cantabile
O
Poco meno mosso
Vln. I
Vln. II
Vla.
3 desks
non div.
pp
Vcl.
3 desks
div.
pp
Cb.

125
Fl. 1 2
Ob.
Cl. (B♭) 1 2
Bn. 1 2
Hn. (F) 1 2
Tpt. (B♭)
Timp.
Vcl. Solo
Vln. I
Vln. II
Vla.
Vcl.
Cb.

135
P
Andante sostenuto
Fl. 1 2
Ob.
Cl. (B♭) 1 2
1
pp
Bn. 1 2
Hn. (F) 1 2
con sord.
p
Tpt. (B♭)
Timp.
Vcl. Solo
pp cantabile
P
Andante sostenuto
Vln. I
Vln. II
Vla.
pizz.
pp
Vcl.
unis., pizz.
pp
Cb.
pizz.
pp

141
Fl. 1 2
Ob.
Cl. (B♭) 1 2
Bn. 1 2
Hn. (F) 1 2
Tpt. (B♭)
Timp.
Vcl. Solo
Vln. I
Vln. II
Vla.
Vcl.
arco
Cb.

147
Q
Fl.
Ob.
Solo
mp
molto espressivo
Cl. (B♭)
(1)
pp
Bn.
Hn. (F)
Tpt. (B♭)
Timp.
Vcl. Solo
p
Q
Vln. I
4 desks
con sord.
ppp
Vln. II
4 desks
con sord.
ppp
Vla.
arco
pp
mutes on
Vcl.
Cb.

154
Fl. 1 2
Ob.
Cl. (B♭) 1 2
Bn. 1 2
Hn. (F) 1 2
Tpt. (B♭)
Timp.
Vcl. Solo
Vln. I
Vln. II
con sord.
Vla.
ppp
pp
pizz.
Vcl.
pp
Cb.

159
R
Fl. 1 2
Ob.
f
dim.
pp
Cl. (B♭) 1 2
Bn. 1 2
Hn. (F) 1 2
Tpt. (B♭)
Timp.
Vcl. Solo
R
Vln. I
ppp
mutes off
Vln. II
ppp
mutes off
Vla.
ppp
mutes off
Vcl.
(pizz.)
pp
Cb.

164
1
Fl. 1 2
p
pp
Ob.
pp
Cl. (B♭) 1 2
Bn. 1 2
Hn. (F) 1 2
Tpt. (B♭)
Timp.
Vcl. Solo
pp
3
Vln. I
Tutti senza sord.
mf
cantabile
Vln. II
Tutti senza sord.
mf
cantabile
Vla.
Vcl.
Cb.

S
170
Fl.
Ob.
Cl. (B♭)
Bn.
Hn. (F)
Tpt. (B♭)
Timp.
Vcl. Solo
S
Vln. I
Vln. II
Tutti, pizz.
senza sord.
Vla.
arco
mf cantabile
Tutti, pizz.
Vcl.
arco
mf cantabile
(pizz.)
Cb.

175
Fl.
Ob.
Cl. (B♭)
Bn.
Hn. (F)
Tpt. (B♭)
Timp.
Vcl. Solo
Vln. I
Vln. II
Vla.
Vcl.
Cb.
arco

180
T
Fl.
1
2
dim.
pp
Fl. 2 take Picc.
Ob.
Cl.
(B♭)
Bn.
p
Hn. 1
(F) 2
Tpt.
(B♭)
Timp.
Vcl.
Solo
Vln. I
Vln. II
Vla.
Vcl.
Cb.
ppp

185
Bn. 1 2
Vcl. Solo
p cantabile
Vln. I
Vln. II
Vla.
3 desks non div.
pp
Vcl.
3 desks div.
pp
Cb.
U Allegro
193
a 2 Soli
Bn. 1 2
p scherzando
Vcl. Solo
pp
pp
pp
U Allegro
Vln. I
Vln. II
Vla.
Vcl.
Cb.

V
202
Picc.
Fl. 1
Ob.
Cl. (B♭)
1
2
Bn.
1
2
Hn. (F)
1
2
Tpt. (B♭)
Timp.
Vcl. Solo
V
Vln. I
Vln. II
Vla.
Vcl.
Cb.
pizz.
Tutti pizz.
Tutti, unis., pizz.
ff
f
p
mf

209
Picc.
Fl. 1
Ob.
Cl. (B♭) 1
Cl. (B♭) 2
Bn. 1
Bn. 2
Hn. (F) 1
Hn. (F) 2
Tpt. (B♭)
Timp.
Vcl. Solo
Vln. I
Vln. II
Vla.
Vcl.
Cb.
ff
dim.
f
mf

W
216
Picc.
Fl. 1
Ob.
Cl. (B♭)
1
2
Bn.
1
2
Hn. (F)
1
2
Tpt. (B♭)
Timp.
Vcl. Solo
p scherzando
W
Vln. I
Vln. II
Vla.
Vcl.
Cb.
pp
4 desks
4 desks
3 desks
3 desks
2 desks

223
X
Picc.
Fl. 1
Ob.
Cl. (B♭) 1 2
Bn. 1 2
Hn. (F) 1 2
Tpt. (B♭)
Timp.
Vcl. Solo
pizz.
X
Vln. I
Vln. II
Vla.
Vcl.
Tutti
Cb.
Tutti

230
Picc.
Fl. 1
Ob.
Cl. (B♭) 1 2
Bn. 1 2
a 2
Hn. (F) 1 2
Tpt. (B♭)
Timp.
Vcl. Solo
arco
ff marc.
Vln. I
Tutti (pizz.)
Vln. II
Tutti, div. (pizz.)
unis.
Vla.
Tutti pizz.
Vcl.
Cb.
dim.
p
f

Y
236
Picc.
f
Fl. 1
pp
Ob.
pp
f
Cl. 1
(B♭) 2
pp
Bn. 1
2
pp
Hn. 1
(F) 2
pp
Tpt.
(B♭)
Timp.
Vcl.
Solo
Y
Vln. I
4 desks
p
Vln. II
4 desks
p
Vla.
3 desks
p
Vcl.
3 desks
p
Cb.
2 desks
(pizz.)
p

243
Picc.
Fl. 1
p
cresc.
Ob.
p cresc.
Cl. 1
(B♭) 2
p
cresc.
a 2
p cresc.
Bn. 1
2
p
cresc.
a 2
p cresc.
Hn. 1
(F) 2
p
p cresc.
Tpt.
(B♭)
pp
p
Timp.
tr
pp
Vcl.
Solo
Vln. I
p cresc.
Vln. II
p cresc.
Vla.
arco
p cresc.
Vcl.
cresc.
Cb.
cresc.

Z
249
Picc.
Fl. 1
Ob.
Cl. 1
(B♭) 2
Bn. 1
2
Hn. 1
(F) 2
Tpt.
(B♭)
mute on
con sord.
Timp.
Vcl.
Solo
ff marc.
Z
(pizz.)
Vln. I
Vln. II
Vla.
Vcl.
Cb.

AA
259
Picc.
Fl. 1
Ob.
Cl. 1
(B♭) 2
Bn. 1
2
Hn. 1
(F) 2
Tpt.
(B♭)
mute off
Timp.
Vcl.
Solo
AA
Vln. I
Vln. II
Vla.
Vcl.
Cb.
p cresc.

267
Picc.
Fl. 1
Ob.
p
Cl. 1
(B♭) 2
1
pp
Bn. 1
2
p
p
Hn. 1
(F) 2
2
p
Tpt.
(B♭)
Timp.
pp
Vcl.
Solo
ff pesante
Vln. I
(pizz.)
pp
Vln. II
pp
Vla.
arco
pp
Vcl.
pp
Cb.
pp
p

272
BB
Picc.
Fl. 1
p
cresc.
f marc.
Ob.
cresc.
f
Cl. (B♭)
1
cresc.
f
2
pp cresc.
f marc.
Bn. 1 2
f marc.
(2)
Hn. (F) 1 2
f
Tpt. (B♭)
senza sord.
mf
Timp.
mf
Vcl. Solo
ff
BB
Vln. I
arco
p cresc.
Tutti (arco)
f marc.
Vln. II
arco
cresc.
Tutti (arco)
f marc.
Vla.
cresc.
f
Vcl.
arco
p cresc.
Tutti (arco)
f marc.
Cb.
arco
p cresc.
Tutti (arco)
f marc.

277
Picc.
Fl. 1
p
Ob.
p
1
Cl.
(B♭)
2
p
p
Bn. 1
2
p
Hn. 1
(F) 2
p
Tpt.
(B♭)
p
Timp.
p
Vcl.
Solo
Vln. I
Vln. II
Vla.
Vcl.
Cb.

282
Picc.
ff marc. cresc.
ff
Fl. 1
cresc.
ff
Ob.
marc. cresc.
Cl. (B♭)
1
marc. cresc.
ff
2
cresc.
ff
Bn. 1 2
cresc.
ff
Hn. (F) 1 2
Tpt. (B♭)
Timp.
Vcl. Solo
Vln. I
cresc.
ff
Vln. II
cresc.
ff
Vla.
cresc.
ff
Vcl.
cresc.
ff
Cb.
cresc.
ff

287
CC
Picc.
Fl. 1
Ob.
Cl. 1
(B♭) 2
ff
Bn. 1
2
ff
Hn. 1
(F) 2
a 2
ff
Tpt.
(B♭)
p
Timp.
tr
pp
Vcl.
Solo
tr
f
CC
Vln. I
Vln. II
Vla.
div.
Vcl.
ff
Cb.
ff

292
Picc.
Fl. 1
Ob.
Cl. (B♭) 1 2
Bn. 1 2
Hn. (F) 1 2
(a 2)
Tpt. (B♭)
Timp.
Vcl. Solo
ff
ff
Vln. I
ffp
f
Vln. II
ffp
f
unis.
Vla.
ffp
f
Vcl.
ffp
f
Cb.
ff
Revised cadenza
298
Vcl. Solo
♩ = ♩
doppio più lento
305
Vcl. Solo
p
accel.

313
Vcl. Solo
321
Vcl. Solo
298
Original cadenza
Vcl. Solo
304
Vcl. Solo
309
Vcl. Solo
315
Vcl. Solo
DD
Poco tranquillo
331
Solo
pp
Picc.
Fl. 1
Ob.
Timp.
pp
Vcl. Solo
p
EE
337
Picc.
Solo
pp
Fl. 1
Solo
pp
Ob.
Timp.
Vcl. Solo

344
Picc.
Fl. 1
Ob.
Cl. 1 (B♭) 2
1 Solo
pp
a 2
Bn. 1 2
1 Solo
Hn. 1 (F) 2
Tpt. (B♭)
Timp.
colla parte
tr
Vcl. Solo
Vln. I
Vln. II
Vla.
Vcl.
Cb.
ff
f